DESENVOLVIMENTO PESSOAL E PRODUTIVIDADE TOTAL

DESENVOLVA SEUS TALENTOS

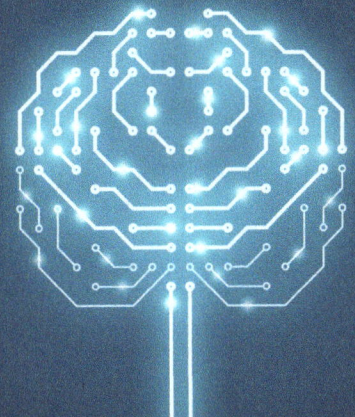

CARLO CARDOSO

DECIDA SER UM
VENCEDOR E VENÇA
TODOS OS DIAS

CARLO CARDOSO

Agradecimentos

Agradeço a Deus por me dar vida, inteligência e a oportunidade de criar uma ferramenta que pode alcançar milhões de pessoas e mudar suas vidas.
Agradeço a minha esposa Elissa, que sempre me apoiou e apoia em todos os meus projetos.
Agradeço a minha filha Alice, por quem sou apaixonado e busco ser melhor a cada dia para lhe dar o exemplo de Pai e de homem que ela merece ter.
Agradeço a você leitor, por estar adquirindo esse manual e que a partir de agora poderá iniciar sua jornada rumo ao sucesso pessoal e profissional e alcançará o tão sonhado sucesso.

Desejo vida longa a todos vocês!

Carlo Cardoso

CARLO CARDOSO

Carlo Cardoso é especialista em software, redes, marketing e criador de conteúdo digital, ajudando milhares de pessoas a alcançar o sucesso. Em sua contribuição para a sociedade, tem administrado várias empresas e equipes, mostrando que ser líder é mais importante que ser chefe, e que com os esforços certos, podemos chegar ao sucesso. Sua visão de um futuro onde a inteligência artificial e a humanidade coexistem harmoniosamente continua a inspirar gerações e moldar o presente rumo a um amanhã mais inovador.

ÍNDICE

Capítulo 1	O que é Produtividade Total?	01
Capítulo 2	A Importância do Autoconhecimento	05
Capítulo 3	Gerenciamento de Tempo Eficiente	08
Capítulo 4	Metas SMART e Planejamento Eficaz	12
Capítulo 5	O Poder da Disciplina e da Constância	16
Capítulo 6	Habilidades de Foco e Concentração	20
Capítulo 7	Produtividade e Bem-Estar Físico	24
Capítulo 8	Domine a Gestão de Energia	28
Capítulo 9	Produtividade no Mundo Digital	33
Capítulo 10	Mindset de Crescimento: O Combustível para a Produtividade	38

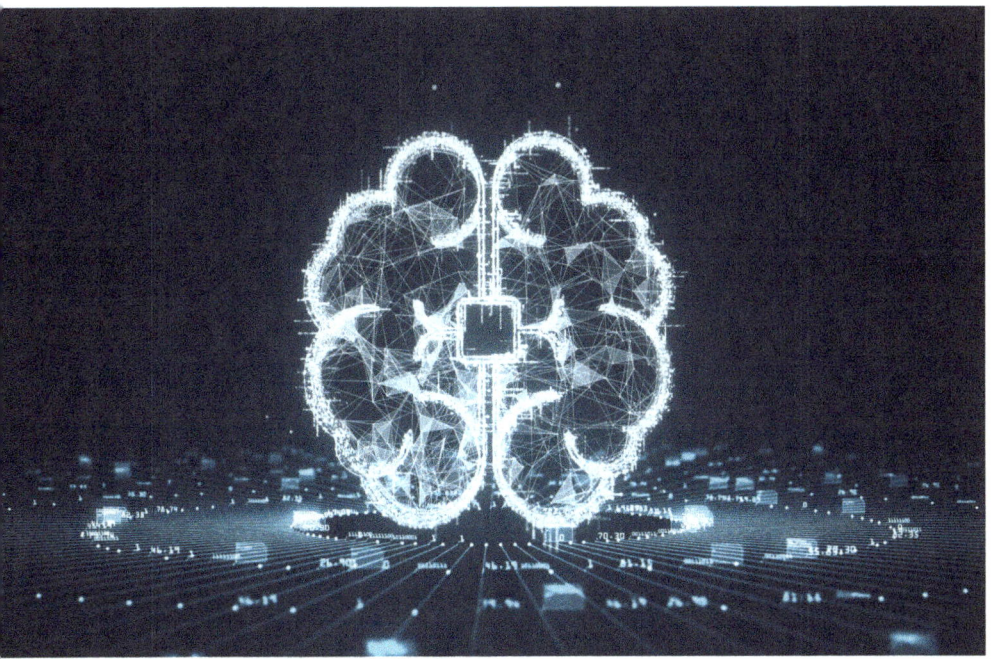

Capítulo 1 – O que é Produtividade Total?

A produtividade total não se trata apenas de fazer mais coisas em menos tempo. Ela vai muito além de simplesmente "cumprir tarefas". No mundo atual, onde somos constantemente bombardeados por distrações e prazos apertados, ser produtivo significa focar nas atividades que realmente importam, otimizando tempo, energia e recursos para alcançar resultados excepcionais.

O que é Produtividade Total?

Produtividade Total é a capacidade de maximizar seus resultados com o mínimo de esforço desperdiçado, enquanto mantém seu bem-estar e equilíbrio. A chave é não cair na armadilha do "estar sempre ocupado" e, em vez disso, focar em eficiência inteligente. Não adianta passar horas intermináveis em frente ao computador se suas ações não estão gerando progresso real. A verdadeira produtividade é fazer as coisas certas, da maneira certa, no momento certo.

Imagine que você está navegando por um mar de tarefas, e ao invés de pegar uma rota linear e tediosa, você encontra atalhos estratégicos que permitem chegar ao seu destino com muito menos esforço. Isso é produtividade total – encontrar os atalhos certos, sem perder a qualidade, mantendo um ritmo constante e aproveitando melhor seu tempo.

O Erro de Focar Apenas em "Fazer Mais"

Um dos maiores equívocos das pessoas é associar produtividade com a quantidade de tarefas realizadas. A sociedade moderna nos leva a pensar que ser produtivo significa estar sempre ocupado, mas o segredo está em entender que fazer mais nem sempre é fazer melhor. Produtividade não é sobre sobrecarregar sua agenda com listas infinitas de tarefas, mas sim sobre priorizar e executar atividades que realmente movem a agulha na direção dos seus objetivos.

Exemplo Prático:
Imagine que você tem uma lista com 15 tarefas para o dia. Ao invés de se estressar para concluir todas elas, pergunte a si mesmo: quais dessas tarefas realmente vão me levar adiante? Ao focar nas 3 tarefas mais críticas, que trazem resultados reais, você estará praticando produtividade total. Assim, seu dia será mais leve, e você ainda terá tempo para cuidar de outros aspectos da sua vida, como saúde, lazer e aprendizado.

Produtividade Total é Sobre Energia, Não Apenas Tempo

Outro grande segredo para alcançar produtividade total é aprender a gerenciar sua energia, e não apenas o tempo. Todos temos momentos do dia em que estamos mais alertas e cheios de energia. Esses momentos são chamados de picos de produtividade, e é neles que você deve concentrar as tarefas mais desafiadoras. Entender seu próprio ciclo de energia é fundamental para otimizar a forma como você trabalha.

Exemplo Prático para o Dia a Dia:
João, um empresário, descobriu que é mais criativo e focado durante a manhã, entre 8h e 11h. Então, ele reserva esse horário para trabalhar em projetos estratégicos, que exigem concentração máxima. Após o almoço, quando sua energia começa a diminuir, ele aproveita para realizar tarefas mais operacionais, como responder e-mails e reuniões rápidas. Esse ajuste simples fez com que ele aumentasse drasticamente sua produtividade, pois agora ele usa seus melhores momentos de energia para atividades de alto impacto.

Equilíbrio Entre Vida Pessoal e Trabalho

Produtividade Total também está relacionada ao equilíbrio entre a vida profissional e pessoal. Trabalhar de forma constante e eficiente não significa negligenciar sua vida pessoal. Na verdade, as pessoas mais produtivas sabem que descansar e recarregar as energias são componentes essenciais para o sucesso. O esgotamento não é um troféu; é um sinal de que algo está errado.

A rotina de altos executivos e empreendedores de sucesso frequentemente inclui tempo para atividades físicas, momentos com a família e hobbies. Essas pausas estratégicas não apenas ajudam a evitar o estresse, mas também alimentam a criatividade e mantêm o foco elevado quando é hora de trabalhar.

Exemplo Prático para Aplicar no Seu Dia:
Mariana é uma empreendedora com uma rotina extremamente corrida. Para evitar o burnout, ela começou a incluir pausas estratégicas ao longo do dia. Entre uma reunião e outra, ela tira 15 minutos para uma caminhada rápida ao ar livre. Durante esse tempo, seu corpo descansa, e sua mente aproveita para absorver e processar as ideias. Essa pausa simples aumenta sua clareza mental e a torna mais produtiva ao longo do dia.

Ferramentas e Técnicas Para Alcançar Produtividade Total

Felizmente, existem várias ferramentas e técnicas que podem te ajudar a atingir a Produtividade Total. Entre elas estão:

- Técnica Pomodoro: Trabalhar em blocos de tempo concentrado (25 minutos de trabalho e 5 minutos de descanso) é uma excelente maneira de manter o foco sem se exaurir.

- Matriz de Eisenhower: Classifique suas tarefas entre "urgente" e "importante" para entender no que focar primeiro, evitando distrações com atividades irrelevantes.

- Automação: Utilize ferramentas de automação para tarefas repetitivas e administrativas, como o agendamento de e-mails, gestão de conteúdo ou mesmo a organização de dados.

Conclusão: A Chave Para o Sucesso

A Produtividade Total não é uma técnica isolada, mas um estilo de vida. Envolve reconhecer a importância de equilibrar trabalho, descanso e momentos de lazer, tudo isso enquanto mantém o foco nas atividades que trazem resultados reais. Ao implementar os conceitos e práticas de produtividade total em sua rotina diária, você verá uma mudança clara: menos estresse, mais realização e, acima de tudo, mais tempo para as coisas que realmente importam.

Capítulo 2 - A Importância do Autoconhecimento

O autoconhecimento é a base de qualquer jornada de desenvolvimento pessoal e produtividade. Antes de aplicar qualquer técnica, método ou ferramenta, é essencial entender quem você realmente é, como você funciona e o que realmente te motiva. Sem esse entendimento profundo de si mesmo, até as melhores estratégias podem falhar.

Autoconhecimento é, em essência, a capacidade de reconhecer suas forças, fraquezas, motivações, padrões de comportamento e limites. Ele permite que você se alinhe com sua própria natureza, evitando que você trabalhe contra si mesmo.

Por que o Autoconhecimento é Essencial para a Produtividade?

Quando você se conhece, consegue ajustar seu ambiente de trabalho, sua rotina e até mesmo suas metas de maneira que elas fiquem em harmonia com seu estilo de vida e personalidade. Você para de perder tempo tentando se adaptar a padrões de produtividade que não fazem sentido para você e passa a adotar práticas que verdadeiramente funcionam com o seu jeito único de ser.

Muitas vezes, tentamos adotar estratégias de produtividade copiadas de outras pessoas, sem perceber que o que funciona para um pode não funcionar para outro. Autoconhecimento é a chave para encontrar o seu próprio caminho.

Descobrindo seus Ciclos de Energia

Um dos aspectos mais importantes do autoconhecimento é entender seus ciclos de energia ao longo do dia. Cada pessoa tem momentos de maior e menor produtividade, que podem variar de acordo com o relógio biológico de cada um. Identificar esses picos de energia permite que você aloque suas tarefas mais importantes e desafiadoras nos momentos em que está mais alerta e focado, e reserve tarefas mais simples para quando sua energia estiver mais baixa.

Identificando Suas Forças e Fraquezas

Outro pilar do autoconhecimento é entender quais são suas forças e como maximizá-las, além de reconhecer suas fraquezas e aprender a lidar com elas. Muitas vezes, gastamos muito tempo tentando melhorar áreas em que não somos naturalmente bons, quando poderíamos estar potencializando nossas forças. Isso não significa ignorar suas fraquezas, mas sim entender que focar no que você faz de melhor pode te levar muito mais longe.

Exemplo Prático:
Clara é excelente em resolver problemas, mas tem dificuldades em se organizar. Ao perceber isso, ela decidiu delegar a parte administrativa de seu trabalho para um assistente e focar mais no desenvolvimento de estratégias e soluções criativas, áreas em que ela realmente se destaca. Isso permitiu que Clara duplicasse sua produtividade, pois estava canalizando sua energia para aquilo em que era realmente boa.

O Poder das Emoções no Processo Produtivo

O autoconhecimento também envolve entender como suas emoções afetam sua produtividade. Todos nós temos dias em que nos sentimos menos motivados ou distraídos por emoções negativas. Reconhecer esses sentimentos e saber lidar com eles é crucial para manter a consistência e evitar que dias ruins se tornem um obstáculo para o progresso.

Ter consciência de como certas situações ou eventos impactam seu estado emocional te permite criar estratégias de enfrentamento para lidar com essas oscilações. Isso pode incluir tirar um momento para respirar, ajustar as expectativas para o dia ou até mesmo praticar atividades que ajudem a melhorar o humor, como exercícios físicos ou meditação.

Feedback Externo: A Importância de Perspectivas de Terceiros

Além da reflexão interna, o autoconhecimento também pode ser amplificado com o feedback de outras pessoas. Às vezes, não enxergamos padrões de comportamento ou habilidades que são óbvias para os outros. Pedir feedback sincero e construtivo a colegas, amigos ou familiares pode ajudar a identificar pontos cegos que você não havia notado.

Esse feedback não deve ser encarado como crítica destrutiva, mas sim como uma oportunidade de aprimorar suas habilidades e ajustar comportamentos que talvez estejam te limitando. A chave é estar aberto a ouvir e disposto a refletir sobre o que foi dito.

Exemplo Prático:
Lucas, um líder de equipe, sempre achou que sua comunicação era clara e objetiva, mas percebeu que alguns membros da equipe frequentemente tinham dificuldades em entender suas instruções. Ele decidiu pedir feedback sincero para seu time e descobriu que, em vez de ser direto, muitas vezes ele complicava as explicações. Com essa nova percepção, Lucas começou a se comunicar de forma mais simples e eficaz, o que melhorou o desempenho de sua equipe.

Conclusão: O Autoconhecimento Como Base para Tudo

O autoconhecimento é o primeiro passo para qualquer tipo de crescimento ou melhoria. Quanto mais você souber sobre si mesmo, mais capacitado estará para criar uma rotina de produtividade que funcione para o seu estilo de vida e, ao mesmo tempo, respeite suas necessidades e limites.
Produtividade Total só é possível quando você se conhece o suficiente para saber o que funciona e o que não funciona para você. Assim, você será capaz de tomar decisões conscientes sobre como gerenciar seu tempo, energia e foco, maximizando suas forças e minimizando suas fraquezas.

Capítulo 3 – Gerenciamento de Tempo Eficiente

O gerenciamento de tempo é um dos pilares fundamentais da produtividade. No entanto, a maioria das pessoas encara isso da maneira errada, associando a eficiência ao fato de fazer o máximo de coisas possíveis em um período de tempo curto. Esse é um erro comum. O verdadeiro gerenciamento de tempo eficiente não se trata de fazer mais, mas de fazer o que realmente importa e fazer bem feito.

O Mito da Multitarefa

Nos últimos anos, a multitarefa tem sido glorificada como uma habilidade essencial no ambiente de trabalho. A realidade, no entanto, é que a multitarefa não é apenas ineficiente, como também prejudica a qualidade do trabalho. Pesquisas mostram que alternar entre várias tarefas simultaneamente diminui o foco, aumenta o estresse e resulta em mais erros. A multitarefa fragmenta a atenção e, ao contrário do que se acredita, atrasa a conclusão das tarefas em vez de acelerá-las.

Exemplo Prático:
Ana é uma profissional de marketing que sempre tenta lidar com múltiplas tarefas ao mesmo tempo — responder e-mails, fazer ligações e revisar relatórios, tudo simultaneamente. O resultado? Ela acaba cometendo erros bobos, esquecendo detalhes importantes e levando o dobro do tempo para concluir cada atividade. Ao adotar uma abordagem mais focada, Ana começa a trabalhar em blocos de tempo dedicados a uma única tarefa, resultando em maior qualidade e velocidade na entrega.

A Técnica Pomodoro: O Poder do Foco em Blocos de Tempo

Uma das ferramentas mais simples e poderosas para melhorar o gerenciamento do tempo é a Técnica Pomodoro. Ela consiste em trabalhar em blocos de 25 minutos (chamados de "pomodoros") com foco total em uma única tarefa, seguidos por uma pausa curta de 5 minutos. Após quatro pomodoros, você tira uma pausa mais longa de 15 a 30 minutos.

Essa técnica funciona porque o cérebro humano é programado para se concentrar melhor em pequenos intervalos de tempo. Ao eliminar distrações e focar durante esses períodos intensos de trabalho, você se torna muito mais produtivo e, ao mesmo tempo, evita o esgotamento mental.

Exemplo Prático:
João, um programador, sofria com distrações constantes em seu ambiente de trabalho. Ele decidiu experimentar a Técnica Pomodoro e notou uma diferença imediata em seu desempenho. Ao dividir suas tarefas em blocos de 25 minutos, ele conseguiu manter um nível de concentração que nunca tinha experimentado antes. Além disso, as pausas curtas entre os pomodoros ajudaram a manter seu cérebro descansado, permitindo que ele trabalhasse de forma mais consistente ao longo do dia.

Priorização: O Segredo Para Maximizar o Tempo

Não é incomum começar o dia com uma lista interminável de tarefas e, no final, ter a sensação de que não conseguiu fazer nada importante. Isso acontece porque muitas vezes trabalhamos no que é urgente, mas não no que é importante. Saber diferenciar essas duas categorias é crucial para um gerenciamento de tempo eficiente.
A Matriz de Eisenhower é uma ferramenta poderosa para resolver esse dilema. Ela ajuda você a classificar suas tarefas em quatro quadrantes:

1. **Importante e Urgente:** Tarefas que precisam ser feitas imediatamente.
2. **Importante, Mas Não Urgente:** Tarefas que têm impacto a longo prazo, mas podem ser programadas.
3. **Urgente, Mas Não Importante:** Tarefas que podem ser delegadas ou eliminadas.
4. **Nem Importante Nem Urgente:** Tarefas que consomem tempo sem gerar valor, como atividades de procrastinação.

O segredo é priorizar as tarefas que estão no quadrante Importante, Mas Não Urgente, pois são essas que realmente trazem resultados de longo prazo.

Exemplo Prático:
Lucas, um gerente de projetos, começou a utilizar a Matriz de Eisenhower para planejar suas semanas. Ele percebeu que passava a maior parte do tempo lidando com tarefas urgentes, mas que não contribuíam para o crescimento de seus projetos. Ao reestruturar seu tempo e priorizar tarefas importantes, ele começou a entregar projetos de maior impacto e, ao mesmo tempo, reduziu o estresse de sempre trabalhar contra o relógio.

Diga "Não" Para Ser Mais Produtivo

Muitas pessoas acreditam que ser produtivo significa aceitar todas as oportunidades e tarefas que surgem. A verdade é que a produtividade real vem da capacidade de dizer "não" para aquilo que não alinha com seus objetivos principais. Isso não significa ser desinteressado ou egoísta, mas sim reconhecer seus próprios limites e proteger seu tempo.

O maior ativo que temos é o tempo, e ele é finito. Ao dizer "sim" para tudo, você está, na verdade, sabotando sua própria produtividade. Saber quando recusar ou delegar tarefas é fundamental para manter o foco no que realmente importa.

Exemplo Prático:
Mariana, uma empreendedora, estava sempre dizendo "sim" para novas oportunidades, clientes e eventos. No entanto, isso começou a impactar seu negócio, pois ela estava perdendo o foco em seus principais projetos. Após refletir sobre seu tempo e prioridades, ela decidiu começar a dizer "não" para compromissos que não estavam alinhados com suas metas. Com isso, Mariana conseguiu concentrar sua energia no que era essencial e expandir seu negócio de forma mais estratégica.

Ferramentas Digitais Para Gerenciar o Tempo

A tecnologia pode ser uma grande aliada no gerenciamento de tempo. Existem várias ferramentas digitais que ajudam a organizar tarefas, monitorar seu progresso e até automatizar processos, liberando mais tempo para você focar em atividades de maior valor.

Aqui estão algumas ferramentas populares:

- **Trello:** Um aplicativo de gerenciamento de tarefas que permite organizar suas atividades em cartões e listas visuais, ideal para acompanhar projetos e prazos.
- **Todoist:** Um dos melhores aplicativos de lista de tarefas, perfeito para quem precisa organizar compromissos e metas diárias.
- **RescueTime:** Esse aplicativo rastreia o tempo que você gasta em cada atividade no computador, ajudando a identificar áreas onde você pode estar desperdiçando tempo.
- **Google Calendar:** Simples, mas eficaz. Use-o para agendar seus compromissos e garantir que você não perderá prazos importantes.

Exemplo Prático:
Roberta, uma consultora de negócios, usava uma planilha simples para organizar suas tarefas, mas percebia que não conseguia acompanhar tudo de forma eficaz. Ela começou a usar o Trello para dividir seus projetos em listas e cartões. Agora, ela pode ver todo o progresso de cada tarefa em um só lugar, o que reduziu drasticamente sua ansiedade e melhorou sua capacidade de cumprir prazos.

Conclusão: O Gerenciamento de Tempo Como Seu Maior Aliado

Gerenciar o tempo de maneira eficiente é uma arte. Não se trata apenas de usar cada minuto do dia, mas de usar seu tempo nas coisas certas. Ao priorizar o que é importante, focar em uma tarefa de cada vez e dizer "não" quando necessário, você poderá alcançar resultados excepcionais sem se sentir sobrecarregado.

Lembre-se: o tempo é o único recurso que você nunca poderá recuperar, e por isso, aprender a gerenciá-lo de forma eficaz é um dos maiores investimentos que você pode fazer em sua produtividade e, consequentemente, no seu sucesso.

Capítulo 4 - Metas SMART e Planejamento Eficaz

Estabelecer metas é a bússola que direciona a sua jornada para o sucesso. No entanto, muitas pessoas falham porque definem metas vagas ou inalcançáveis, o que acaba gerando frustração e desmotivação. Para evitar isso, é fundamental usar um método comprovado: o conceito de Metas SMART. Esse sistema transforma suas metas em objetivos claros, mensuráveis e realizáveis, trazendo foco e eficiência ao seu planejamento.

O Que São Metas SMART?

O método SMART ajuda a estruturar suas metas de forma prática e alcançável. A sigla SMART representa cinco características essenciais que suas metas precisam ter:

- S: Específica (Specific)
- M: Mensurável (Measurable)
- A: Alcançável (Achievable)
- R: Relevante (Relevant)
- T: Temporal (Time-bound)

Uma meta SMART é detalhada, objetiva, e deixa claro o que você precisa fazer, como vai medir seu progresso e quando quer atingir o resultado final. Isso transforma desejos vagos, como "quero melhorar na minha carreira", em passos concretos e acionáveis.

Desconstruindo Cada Elemento SMART

- **Específica:** A meta precisa ser clara e precisa. O que você quer alcançar exatamente? Quanto mais específica for a sua meta, mais fácil será visualizar e trabalhar para alcançá-la.

    - **Exemplo:** Em vez de "quero ser mais produtivo", uma meta específica seria: "quero reduzir o tempo gasto com tarefas administrativas em 20% nos próximos 3 meses".

- **Mensurável:** Para saber se está progredindo, você precisa de um marcador de sucesso. Como você vai medir o seu progresso? Isso te ajuda a manter a motivação e ajustar a rota se necessário.

    - Exemplo: A meta "quero ler mais" se torna "quero ler 2 livros por mês". Isso transforma um desejo abstrato em algo que você pode acompanhar claramente.

- **Alcançável:** A meta precisa ser realista, dentro da sua capacidade de realização. Pergunte-se: com os recursos e habilidades que tenho hoje, é possível alcançar esse objetivo? Se a meta for muito grande, divida-a em metas menores e mais gerenciáveis.

    - Exemplo: Em vez de "quero economizar 50% do meu salário este ano", uma meta alcançável poderia ser "quero economizar 10% do meu salário nos próximos 6 meses".

- **Relevante:** Certifique-se de que sua meta faz sentido para você e está alinhada com seus objetivos de longo prazo. Isso mantém sua motivação alta e o foco no que realmente importa.

-
    - Exemplo: A meta "quero aprender a tocar violão" é relevante se seu objetivo é relaxar e explorar sua criatividade, mas pode não ser relevante se você está focado em avançar na carreira de TI.

- **Temporal:** Defina um prazo para sua meta. Estabelecer um limite de tempo ajuda a manter a urgência e o comprometimento.

    - Exemplo: "Quero aprender espanhol" se torna "Quero aprender espanhol básico em 6 meses, estudando 30 minutos por dia".

Transformando Metas em Resultados com o Planejamento Eficaz

Definir metas SMART é o primeiro passo, mas para alcançar o sucesso é necessário um planejamento eficaz. Um plano bem estruturado divide grandes metas em pequenos passos diários, semanais e mensais, criando uma jornada clara para o sucesso. Esse processo garante que cada dia você avance em direção aos seus objetivos de maneira prática e organizada.

Exemplo Prático de Planejamento Eficaz:
Paula, uma profissional de vendas, decidiu que queria melhorar suas habilidades de negociação. Em vez de apenas "tentar melhorar", ela definiu uma meta SMART: "Quero aumentar a taxa de fechamento de contratos em 10% nos próximos 3 meses, praticando técnicas de negociação diariamente por 30 minutos e aplicando-as em reuniões de vendas semanais". Para atingir isso, ela planejou:

- **Semanalmente:** Participar de workshops de vendas e leitura de um livro sobre negociação.

- **Diariamente:** Praticar suas habilidades com colegas e revisar suas apresentações de vendas.

- **Mensalmente:** Medir os resultados e ajustar a abordagem se necessário.

Ao dividir sua meta em pequenas ações, Paula conseguiu implementar mudanças graduais que, somadas, resultaram em uma melhora significativa em suas habilidades.

O Erro Comum: Metas Sem Prazo e Sem Métricas

Muitas vezes, as pessoas criam metas sem prazo ou sem uma forma de medir o progresso. Isso leva à procrastinação e à perda de foco, pois não há um caminho claro a ser seguido. Metas como "quero ser mais saudável" podem parecer motivadoras, mas sem um plano de ação detalhado e mensurável, você pode se perder ao longo do caminho.

Exemplo Prático de Ajuste:
Carla queria melhorar sua saúde. Sua meta inicial era "me exercitar mais", mas ela percebeu que isso era muito vago e difícil de seguir. Ela então a transformou em uma meta SMART: "Vou caminhar 30 minutos, 3 vezes por semana, por 2 meses". Ao fazer isso, Carla criou um plano claro, com uma métrica e um prazo. Isso a ajudou a manter o foco e a consistência, e ela alcançou seu objetivo de forma eficaz.

Conclusão: Transformando Sonhos em Realidade com Metas SMART

Metas SMART são mais do que uma técnica – elas são um método poderoso para transformar seus sonhos e desejos em realidade tangível. Ao adotar essa abordagem, você cria um mapa claro e eficiente para atingir seus objetivos, eliminando o desânimo e a procrastinação. O planejamento eficaz, aliado a metas bem estruturadas, é a chave para conquistar o que você deseja.

Capítulo 5 – O Poder da Disciplina e da Constância

No caminho para o sucesso, muitas pessoas falham porque confiam exclusivamente na motivação. A motivação, por mais poderosa que seja, é temporária. Ela pode ser o combustível inicial para começar um projeto, mas a verdadeira força que te leva ao sucesso é a disciplina. E, combinada com a constância, a disciplina se torna uma ferramenta imbatível. Se você quer alcançar grandes coisas, precisa aprender a ser disciplinado e a ser constante, mesmo nos dias em que a motivação desaparece.

Por que a Disciplina Supera a Motivação?

Motivação é como um fogo de artifício: empolgante, mas passageira. Ela pode te dar um impulso para começar algo novo, mas não dura para sempre. Disciplina, por outro lado, é como um motor sólido, que mantém o progresso constante, mesmo quando as condições não são favoráveis. Ser disciplinado significa fazer o que precisa ser feito independentemente de como você se sente naquele momento. É essa característica que separa as pessoas que conseguem resultados consistentes daquelas que apenas ficam sonhando com eles.

Disciplina é a habilidade de dizer "não" às distrações e manter o foco no que realmente importa. É a força que te faz levantar cedo para trabalhar em seus objetivos, mesmo que você esteja cansado. É o que te faz continuar estudando, mesmo que você esteja desmotivado. Disciplina é o compromisso com o seu progresso, e é isso que te diferencia.

Exemplo Prático:
Carlos, um estudante de engenharia, sempre teve problemas para manter o foco nos estudos por mais de uma semana. Ele começava motivado, mas rapidamente perdia o ritmo. Então, decidiu adotar uma abordagem disciplinada: estudar 2 horas por dia, todos os dias, independentemente de como se sentisse. O resultado? Em poucas semanas, o hábito se solidificou, e Carlos passou a ter um desempenho muito superior em suas avaliações. Ao aplicar disciplina, ele conseguiu transformar uma fraqueza em força.

Disciplina é Construída com Hábitos

Disciplina não é algo com que nascemos; é algo que construímos ao longo do tempo. Para ser disciplinado, você precisa criar hábitos saudáveis e consistentes. Um hábito, quando bem estruturado, elimina a necessidade de motivação. Se você conseguir fazer algo repetidamente por tempo suficiente, ele se tornará parte da sua rotina, e o esforço necessário para mantê-lo será mínimo.

Ao criar hábitos, você reduz o número de decisões que precisa tomar diariamente. Por exemplo, se todas as manhãs você se exercita logo ao acordar, isso se torna algo automático, e você não precisará gastar energia mental decidindo se vai ou não à academia.

Exemplo Prático:
Ana, uma empresária, queria melhorar sua saúde física, mas sempre encontrava desculpas para não ir à academia. Decidiu, então, criar um hábito de treinar pela manhã, antes de começar a trabalhar. Nos primeiros dias, foi difícil, mas ela manteve a disciplina. Após algumas semanas, o treino matinal se tornou parte da sua rotina, como escovar os dentes. Agora, Ana, não precisa de motivação para se exercitar, pois o hábito já foi incorporado à sua vida.

A Importância da Constância: Pequenos Passos Todos os Dias

Constância é a habilidade de manter o ritmo, dia após dia, mesmo que o progresso seja pequeno. Muitas vezes, subestimamos o poder dos pequenos avanços, mas a verdade é que o sucesso é uma soma de pequenos esforços repetidos diariamente. Ao fazer pequenos avanços constantemente, você constrói uma base sólida que, ao longo do tempo, leva a grandes resultados.

A constância também envolve saber que nem todos os dias serão perfeitos. Haverá dias em que você estará cansado, desmotivado ou distraído. A chave para ser constante é saber ajustar seu esforço sem desistir. Não importa se você faz 100% ou 50% em um dia; o importante é que você continue aparecendo.

Exemplo Prático:
Lucas, um escritor, tinha o sonho de terminar seu primeiro livro, mas estava sempre adiando. Decidiu, então, escrever 500 palavras por dia, todos os dias. No início, parecia pouco, mas ao final de 3 meses, ele tinha mais de 45.000 palavras escritas, e o rascunho do seu livro estava completo. Foi a constância, escrevendo um pouco todos os dias, que o levou a realizar algo que parecia impossível.

Como a Disciplina e a Constância Se Complementam

A disciplina é o que faz você começar e continuar mesmo quando as condições não são ideais. Ela garante que você execute suas tarefas, independentemente de como você está se sentindo. Já a constância é o que mantém o progresso a longo prazo, permitindo que você colha os frutos do seu esforço. Juntas, essas duas qualidades formam a base do sucesso.

Imagine a disciplina como o motor de um carro e a constância como a estrada. A disciplina te coloca em movimento, mas sem constância, você não consegue percorrer o caminho até o destino final. Para alcançar qualquer grande objetivo, você precisa dos dois: o poder de agir (disciplina) e a habilidade de continuar no caminho (constância).

Exemplo Prático:
João, um empreendedor, decidiu criar um blog para compartilhar suas ideias sobre negócios. No início, estava empolgado e publicou diversos artigos rapidamente. Mas depois de algumas semanas, sua motivação caiu, e ele parou de escrever. Quando percebeu que estava perdendo o ritmo, decidiu aplicar disciplina: comprometeu-se a escrever 1 artigo por semana, sem falhas. Após alguns meses de constância, seu blog começou a crescer, ele atraiu uma audiência fiel e, eventualmente, monetizou o projeto. Foi a combinação de disciplina e constância que transformou uma ideia simples em um negócio lucrativo.

Dicas Para Construir Disciplina e Constância no Dia a Dia

1. **Comece Pequeno:** Não tente mudar tudo de uma vez. Comece com metas pequenas e aumente gradualmente à medida que se sentir mais confortável. Se você quiser começar a correr, não se comprometa com 10 km no primeiro dia. Comece com 1 km e aumente conforme sua resistência melhora.
2. **Crie um Sistema:** Defina horários e rotinas para suas atividades. Um sistema claro elimina a necessidade de pensar demais sobre cada tarefa. Se você souber que às 7h é hora de fazer exercícios, às 9h é hora de revisar sua lista de tarefas, isso se tornará automático.
3. **Seja Flexível, Mas Consistente:** Haverá dias em que você não conseguirá fazer tudo o que planejou. Ao invés de desistir, faça o que for possível. Se você não puder treinar 1 hora, faça 20 minutos. A constância é mais importante do que a perfeição.
4. **Acompanhe Seu Progresso:** Mantenha um registro de seus avanços, seja em um diário ou usando aplicativos de acompanhamento. Isso ajuda a manter a motivação e mostra o quão longe você chegou.

Conclusão: A Constância Constrói o Sucesso a Longo Prazo

Disciplina é o que te coloca no caminho. Constância é o que te leva ao destino final. Para alcançar grandes conquistas, você não precisa dar saltos gigantes todos os dias. Pequenos passos consistentes são o que constroem o sucesso a longo prazo. Ao adotar a disciplina e a constância em sua vida, você perceberá que os resultados vêm de forma natural e sustentável, e o melhor: você nunca mais dependerá da motivação passageira para alcançar seus sonhos.

Capítulo 6 – Habilidades de Foco e Concentração

No mundo moderno, onde somos bombardeados por notificações e distrações a todo momento, a habilidade de manter o foco e a concentração é uma verdadeira superpotência. Desenvolver a capacidade de focar no que importa e eliminar as distrações pode ser o diferencial entre uma produtividade comum e uma produtividade extraordinária. Afinal, o foco total em uma tarefa aumenta a qualidade do seu trabalho e acelera a conclusão, liberando mais tempo para outras atividades importantes.

Por Que o Foco é Essencial para o Sucesso

Foco é a capacidade de colocar toda a sua atenção em uma tarefa por um período prolongado, sem se distrair. A concentração, por sua vez, é o estado mental em que seu cérebro está totalmente imerso nessa tarefa. Quando essas duas habilidades são combinadas, você entra no estado de fluxo, onde o tempo parece passar mais rápido e você realiza muito mais com menos esforço.

A falta de foco é uma das maiores barreiras para o sucesso hoje em dia. Somos constantemente interrompidos por redes sociais, e-mails, mensagens e tarefas de última hora. Se você não dominar o foco, perderá tempo precioso, e o trabalho que deveria levar uma hora pode acabar consumindo o dia inteiro.

O Mito da Multitarefa: O Inimigo do Foco

A multitarefa é muitas vezes vista como uma habilidade essencial no ambiente de trabalho. No entanto, a realidade é que tentar realizar várias tarefas ao mesmo tempo diminui a produtividade. Quando você tenta fazer duas coisas ao mesmo tempo, seu cérebro precisa alternar rapidamente entre as tarefas, e isso afeta negativamente seu foco e a qualidade do trabalho.

Estudos mostram que a multitarefa pode reduzir a eficiência em até 40%. Em vez de tentar realizar várias tarefas simultaneamente, foque em uma tarefa por vez. Ao concentrar sua atenção em uma única atividade, você será mais rápido e cometerá menos erros.

Exemplo Prático:
Pedro, um gerente de projetos, costumava responder e-mails enquanto participava de reuniões online, pensando que estava economizando tempo. No entanto, ele frequentemente esquecia detalhes importantes e acabava revisando tudo novamente depois. Ao perceber que a multitarefa estava atrapalhando, Pedro decidiu focar em uma única tarefa por vez. Agora, ele responde e-mails de forma mais eficiente e presta total atenção durante as reuniões, o que melhorou sua performance.

Criando um Ambiente de Foco Total

Seu ambiente de trabalho também desempenha um papel fundamental na sua capacidade de focar e se concentrar. Se o ambiente estiver cheio de distrações, será muito mais difícil manter o foco. Criar um ambiente adequado, livre de interrupções, é essencial para atingir níveis mais altos de produtividade.

Aqui estão algumas dicas para criar um ambiente que favoreça o foco:

- **Desligue notificações:** Desative as notificações de redes sociais, e-mails e aplicativos durante o tempo de trabalho. Isso evita distrações desnecessárias.
- **Crie um espaço dedicado ao trabalho:** Ter um local específico para trabalhar ajuda seu cérebro a entrar no modo "foco" assim que você se senta para trabalhar.
- **Use fones de ouvido:** Ouvir música instrumental ou ruído branco pode ajudar a bloquear sons externos e manter sua concentração.

Exemplo Prático:
Ricardo, um desenvolvedor de software, trabalhava em um escritório compartilhado e sempre se distraía com conversas e ruídos ao seu redor. Ele decidiu usar fones de ouvido com ruído branco e criar uma rotina de trabalho em que só acessava redes sociais nas pausas. Com essa mudança, Ricardo conseguiu melhorar seu foco e concluiu projetos com muito mais rapidez.

A Regra dos 2 Minutos

Outra técnica simples, mas extremamente eficaz para manter o foco, é a Regra dos 2 Minutos. Essa regra consiste em lidar com pequenas tarefas (que podem ser feitas em 2 minutos ou menos) imediatamente. Ao eliminar essas pequenas pendências, você limpa sua mente e evita a procrastinação.

Essa regra é particularmente útil para e-mails rápidos, pequenas decisões ou qualquer tarefa que possa ser concluída sem grandes esforços. Ao concluir essas atividades logo de início, você evita que elas se acumulem e tirem seu foco das tarefas mais importantes.

Exemplo Prático:
Joana, uma empreendedora, costumava deixar e-mails e pequenas tarefas se acumularem, o que gerava um enorme estresse ao final do dia. Ela começou a aplicar a Regra dos 2 Minutos, respondendo imediatamente os e-mails que podiam ser resolvidos rapidamente. Agora, seu fluxo de trabalho está muito mais organizado, e ela consegue se concentrar melhor nas tarefas maiores, sem distrações pendentes.

Dicas Práticas para Aumentar o Foco no Dia a Dia

Aqui estão algumas dicas rápidas e fáceis de aplicar para melhorar seu foco no dia a dia:

- **Defina metas claras:** Quando você sabe exatamente o que precisa fazer, fica mais fácil manter o foco. Crie metas diárias e semanais para direcionar sua atenção.

- **Elimine distrações:** Desligue notificações de redes sociais e e-mails, e crie um ambiente de trabalho que favoreça o foco.
- **Priorize as tarefas mais importantes:** Foque primeiro nas tarefas que terão o maior impacto, para garantir que o trabalho mais importante seja feito com qualidade.
- **Pratique mindfulness:** Tire alguns minutos para limpar sua mente antes de iniciar uma tarefa importante e se concentre completamente no presente.

Conclusão: O Foco Como Ferramenta Para o Sucesso

Foco e concentração são as habilidades que mais podem acelerar sua jornada rumo ao sucesso. No mundo repleto de distrações em que vivemos, dominar o foco é o que te diferencia. Com as técnicas e práticas mencionadas neste capítulo, você será capaz de eliminar distrações, manter o foco por períodos mais longos e, acima de tudo, produzir com mais qualidade em menos tempo.

Ao aplicar essas estratégias no seu dia a dia, você verá uma melhora significativa não apenas em sua produtividade, mas também na qualidade do seu trabalho e no tempo que você ganha para outras atividades importantes.

Capítulo 7 - Produtividade e Bem-Estar Físico

Muitos veem a produtividade como algo puramente mental, acreditando que se trata apenas de estratégias de gestão de tempo e foco. No entanto, a produtividade está diretamente ligada ao bem-estar físico. O corpo é a máquina que impulsiona sua mente e, se ele não está funcionando bem, é impossível alcançar a alta performance mental. A verdade é simples: um corpo saudável é o alicerce de uma mente produtiva.

A Conexão Entre Corpo e Produtividade

O estado do seu corpo afeta diretamente sua capacidade de se concentrar, de tomar decisões rápidas e eficazes, e de manter energia ao longo do dia. Se você está fisicamente exausto, com má alimentação ou sem descanso adequado, seu cérebro vai refletir esse desgaste. Estudos mostram que pessoas fisicamente ativas e que cuidam do corpo têm níveis mais altos de foco, melhoram o desempenho cognitivo e são mais criativas. Ao entender que produtividade e bem-estar físico caminham lado a lado, você consegue fazer ajustes simples no seu dia a dia que elevam significativamente o seu desempenho.

A Importância do Sono para a Produtividade

Nada afeta tanto sua produtividade quanto a falta de sono. O sono é o momento em que o cérebro processa informações, consolida memórias e repara o corpo. Sem um sono de qualidade, você acorda com falta de foco, pouca energia e um nível maior de estresse. Se você está constantemente privado de sono, não importa quantas técnicas de produtividade você adote, seu corpo e mente não conseguirão acompanhar.

Exemplo Prático:
Angélica, uma empreendedora, sempre priorizou o trabalho e costumava dormir 5 horas por noite. Durante o dia, ela se sentia constantemente cansada e sua produtividade caía. Ela decidiu reestruturar sua rotina, priorizando 7 horas de sono por noite.

Após duas semanas, Angélica notou uma diferença dramática: estava mais focada, tinha mais energia e conseguia realizar suas tarefas em menos tempo. O simples ato de melhorar a qualidade do sono triplicou sua produtividade.

Exercício Físico: O Combustível da Alta Performance

Exercícios físicos não apenas mantêm seu corpo saudável, mas também afetam diretamente seu cérebro. Durante o exercício, o corpo libera endorfinas, que são hormônios que melhoram o humor e aumentam a sensação de bem-estar. Além disso, o exercício melhora o fluxo sanguíneo para o cérebro, o que aumenta a concentração e a capacidade de tomada de decisão.
Exercícios não precisam ser exaustivos ou tomar horas do seu dia. Até mesmo atividades simples, como uma caminhada rápida ou alongamento, podem fazer uma grande diferença na sua disposição e produtividade.

Exemplo Prático:
Jorge, um programador, passava horas sentado em frente ao computador e, no final do dia, se sentia esgotado. Decidiu começar a fazer caminhadas de 20 minutos na hora do almoço. Após apenas uma semana, Jorge percebeu que voltava do almoço com mais clareza mental e energia. Ele notou que os blocos de trabalho após o exercício eram muito mais produtivos do que antes, e ele conseguia resolver problemas mais rapidamente.

Alimentação: Energia Para o Corpo e Mente

Assim como o combustível certo é essencial para o funcionamento de um carro, a alimentação é o combustível do seu corpo e mente. Comer de forma equilibrada, com alimentos ricos em nutrientes, garante que seu cérebro tenha a energia necessária para manter o foco e a concentração. Alimentos processados, açúcares em excesso e refeições pesadas podem causar quedas bruscas de energia, o que prejudica sua produtividade.

Comer de maneira inteligente também envolve ajustar o timing das refeições. Alimentar-se com porções menores ao longo do dia ajuda a manter os níveis de energia estáveis, ao invés de grandes refeições que podem causar sonolência e fadiga.

Exemplo Prático:
Esdras, um consultor financeiro, costumava comer fast food no almoço e depois se sentia sonolento à tarde. Ele decidiu mudar seus hábitos alimentares, optando por refeições leves, ricas em proteínas e vegetais. Em poucas semanas, Esdras notou que sua energia estava mais estável ao longo do dia, e ele conseguia ser muito mais produtivo à tarde, quando normalmente se sentia cansado.

Pausas Ativas: Renovando Energia Durante o Trabalho

Passar longas horas sentado e sem pausas não é saudável para o corpo nem para a mente. Fazer pequenas pausas ativas ao longo do dia – como se alongar, caminhar ou fazer exercícios de respiração – ajuda a renovar a energia e evitar o cansaço físico e mental. Essas pausas não só ajudam a evitar a exaustão, mas também aumentam a produtividade quando você volta ao trabalho.

As pausas ativas mantêm seu corpo em movimento e evitam que você fique sobrecarregado. Além disso, elas permitem que o cérebro descanse e se reenergize, o que resulta em maior foco e clareza mental ao retomar suas atividades.

Exemplo Prático:
Clara, uma gerente de projetos, costumava passar 6 a 8 horas sentada sem interrupções. Ela começou a incorporar pausas ativas de 5 minutos a cada hora, em que se levantava para alongar ou caminhar rapidamente. Clara percebeu que essas pausas ajudavam a melhorar sua concentração e, ao final do dia, se sentia muito menos cansada, além de conseguir finalizar suas tarefas com mais agilidade.

Estratégias Para Incorporar o Bem-Estar Físico na Sua Rotina
Aqui estão algumas dicas práticas para melhorar o bem-estar físico e aumentar sua produtividade ao longo do dia:

1. **Durma o suficiente:** Priorize 7 a 8 horas de sono por noite. O sono de qualidade é essencial para o desempenho mental.
2. **Incorpore atividades físicas:** Não precisa ser algo complexo. Caminhadas diárias, alongamentos ou exercícios de 15 a 20 minutos já fazem uma grande diferença na disposição e clareza mental.
3. **Faça pausas ativas:** A cada hora, faça uma pausa de 5 minutos. Levante-se, movimente o corpo e dê tempo ao cérebro para recarregar.
4. **Alimente-se bem:** Priorize uma alimentação equilibrada, rica em proteínas, gorduras saudáveis e vegetais. Evite alimentos que causam picos de açúcar, pois eles resultam em quedas bruscas de energia.
5. **Hidrate-se:** A hidratação é crucial para manter seu corpo e mente funcionando em níveis ideais. Beba água regularmente ao longo do dia.

Conclusão: O Bem-Estar Físico é a Base da Produtividade

Você pode ter as melhores técnicas de produtividade do mundo, mas se seu corpo não estiver em boas condições, sua mente também não estará. Cuidar do corpo é cuidar da produtividade. Sono adequado, alimentação balanceada, exercícios físicos e pausas ativas não são apenas componentes de um estilo de vida saudável, mas são fundamentais para manter um alto desempenho ao longo do dia.

Ao fazer pequenos ajustes no seu bem-estar físico, você verá um aumento significativo na sua capacidade de se concentrar, tomar decisões e executar tarefas com eficiência. O segredo da produtividade duradoura começa com a saúde do corpo – e, consequentemente, da mente.

Capítulo 8 – Domine a Gestão de Energia

Gerenciar o tempo é essencial, mas para alcançar a produtividade total, você também precisa dominar a gestão da sua energia. Muitas vezes, as pessoas se concentram em gerenciar o tempo, mas negligenciam como usam a própria energia ao longo do dia. No entanto, a realidade é que você pode ter todo o tempo do mundo, mas se não tiver energia para aproveitar esse tempo de forma produtiva, você não conseguirá realizar muito.

Tempo vs. Energia: O Que Realmente Importa

O segredo dos profissionais de alta performance não está apenas na forma como eles organizam suas agendas, mas em como eles gerenciam seus picos e quedas de energia. Saber quando você está no seu ápice de energia – seja de manhã, à tarde ou à noite – permite que você ajuste suas atividades mais exigentes para esses momentos, garantindo um desempenho muito melhor.

Enquanto o tempo é finito, a energia pode ser renovada e gerenciada. O foco não deve estar apenas em fazer mais, mas em fazer melhor, utilizando a energia da maneira mais eficiente possível.

Exemplo Prático:
Rafael, um engenheiro de software, notou que seu nível de energia era muito alto de manhã, mas caía drasticamente após o almoço. Então, ele decidiu mudar sua rotina: passou a reservar as manhãs para resolver os problemas mais complexos de programação, enquanto as tarefas administrativas e menos exigentes foram deixadas para a tarde. Com isso, ele aumentou sua produtividade significativamente, porque estava usando suas horas de pico para atividades que exigiam mais foco e energia.

Entenda Seus Ciclos de Energia: O Ritmo Circadiano

Seu corpo funciona em um ciclo natural chamado ritmo circadiano, que controla seus níveis de energia ao longo do dia. Saber identificar os momentos de alta e baixa energia pode ser a chave para fazer um gerenciamento inteligente das suas atividades.

Cada pessoa tem um pico de energia diferente. Algumas são mais produtivas pela manhã, outras, à tarde ou à noite. Reconhecer seu ciclo natural de energia é fundamental para ajustar seu trabalho ao momento em que você está mais alerta e focado.

Exemplo Prático:
Alice, uma jornalista, percebeu que sua maior energia criativa surgia no final da tarde. Em vez de lutar contra isso, ela ajustou sua rotina de trabalho para fazer pesquisas e organizar tarefas mais simples pela manhã e deixar a escrita criativa para o período em que estava mais inspirada. Esse ajuste simples permitiu que Alice dobrasse sua produtividade, porque ela passou a trabalhar em harmonia com seu ritmo natural.

Alterne Entre Tarefas de Alta e Baixa Energia

Nem todas as tarefas exigem o mesmo nível de energia. Atividades como resolução de problemas, criação de conteúdo ou desenvolvimento de estratégias exigem mais esforço mental e foco, enquanto tarefas como responder e-mails ou organizar documentos consomem menos energia. Alternar entre tarefas que exigem alta e baixa energia ao longo do dia ajuda a evitar a exaustão e a maximizar seu desempenho.

Ao usar essa estratégia, você mantém sua energia equilibrada e evita o desgaste que pode ocorrer ao trabalhar em atividades que demandam alta concentração por longos períodos.

Exemplo Prático:
Eugênio, um designer gráfico, costumava passar horas seguidas trabalhando em projetos criativos, o que o deixava mentalmente exausto no meio da tarde. Ele decidiu intercalar tarefas criativas com atividades mais simples, como responder e-mails ou revisar documentos. Dessa forma, ele conseguia manter sua criatividade e produtividade ao longo do dia, sem sofrer com a fadiga.

Técnica dos Blocos de Energia

Uma técnica eficiente para gerenciar sua energia ao longo do dia é trabalhar em blocos de energia. Isso significa organizar seu dia em blocos de tempo onde você executa tarefas que exigem níveis de energia semelhantes. Dessa forma, você aproveita seus momentos de pico para as atividades mais importantes e reserva os momentos de baixa energia para tarefas que exigem menos esforço.

Por exemplo, você pode reservar um bloco de 9h às 11h para atividades que exigem foco intenso, e um bloco de 14h às 15h para tarefas mais administrativas. Esse modelo ajuda a preservar sua energia e otimizar o rendimento ao longo do dia.

Exemplo Prático:
Mariana, uma gerente de produto, organizou seu dia em blocos de energia. Pela manhã, quando se sentia mais energética, ela dedicava seu tempo a desenvolver estratégias e planejar lançamentos de produtos. Após o almoço, durante um período de baixa energia, ela revisava relatórios e participava de reuniões mais operacionais. Ao gerenciar seu dia dessa maneira, Mariana notou uma grande melhora na qualidade do trabalho e na disposição ao longo do dia.

Pausas Estratégicas: Recupere Sua Energia

Fazer pausas estratégicas ao longo do dia é essencial para renovar sua energia. Muitas pessoas acreditam que trabalhar por horas sem parar é a melhor maneira de ser produtivo, mas isso está longe da verdade. Seu cérebro precisa de intervalos para recarregar, e fazer pequenas pausas entre blocos de trabalho pode aumentar drasticamente seu foco e desempenho.

A Técnica Pomodoro, mencionada em um capítulo anterior, é uma forma eficaz de equilibrar trabalho e pausas. Trabalhar em blocos de 25 minutos, seguidos por uma pausa curta de 5 minutos, ajuda a manter sua energia alta sem sobrecarregar seu cérebro.

Exemplo Prático:
João, um arquiteto, costumava trabalhar por horas a fio, sem pausas, o que o deixava mentalmente exausto até o final do dia. Ele decidiu adotar a técnica Pomodoro e começou a trabalhar em intervalos de 25 minutos com pausas de 5 minutos para descansar. Essas pausas curtas, mas regulares, ajudaram João a manter sua energia ao longo do dia, e ele notou que conseguia trabalhar com mais foco e precisão.

Alimentação e Energia: O Combustível Para a Produtividade

A forma como você se alimenta também afeta diretamente sua energia e produtividade. Consumir alimentos ricos em nutrientes, como proteínas, gorduras saudáveis e carboidratos complexos, mantém seus níveis de energia estáveis ao longo do dia. Evite alimentos com muito açúcar ou processados, que podem causar picos rápidos de energia seguidos por quedas bruscas, o que leva à fadiga e à falta de concentração.
Pequenas refeições equilibradas ao longo do dia ajudam a manter o nível de energia constante, evitando grandes quedas de desempenho.

Exemplo Prático:
Carla, uma advogada, costumava fazer grandes refeições no almoço, o que resultava em queda de energia e sonolência à tarde. Ao mudar sua alimentação para porções menores e incluir lanches saudáveis ao longo do dia, como nozes e frutas, Carla conseguiu manter sua energia estável. Isso aumentou sua capacidade de foco nas reuniões da tarde e melhorou sua produtividade geral.

Dicas Para Gerir Melhor Sua Energia

1. **Entenda seu ritmo natural:** Descubra em que momento do dia você tem mais energia e ajuste suas tarefas mais importantes para esse período.
2. **Alterne entre tarefas de alta e baixa energia:** Evite se esgotar com longos períodos de trabalho exigente. Misture atividades que exijam níveis diferentes de energia.
3. **Use blocos de energia:** Organize seu dia em blocos de tempo que respeitem seu nível de energia. Isso ajuda a maximizar sua eficiência e evitar a fadiga.
4. **Faça pausas estratégicas:** Não subestime o poder das pausas. Mesmo uma caminhada rápida ou alguns minutos de alongamento podem renovar sua energia.
5. **Cuide da alimentação:** Consuma alimentos que forneçam energia estável, como proteínas, gorduras saudáveis e carboidratos complexos. Evite o excesso de açúcar e alimentos processados.

Conclusão: A Energia Como Seu Recurso Mais Valioso

A gestão de tempo é importante, mas a gestão de energia é o verdadeiro segredo da alta produtividade. Ao entender como sua energia flui ao longo do dia e fazer ajustes na sua rotina para respeitar esses ciclos, você pode trabalhar com muito mais eficiência e alcançar melhores resultados. Fazer pausas estratégicas, comer bem e organizar suas tarefas em blocos de energia são as chaves para manter seu corpo e mente funcionando em alta performance durante todo o dia.

Lembre-se: seu sucesso não depende apenas de quanto tempo você trabalha, mas de como você usa sua energia. Ao dominar a gestão de energia, você pode transformar sua produtividade e alcançar resultados que antes pareciam impossíveis.

Capítulo 9 - Produtividade no Mundo Digital

Vivemos em uma era em que a tecnologia está em todos os aspectos da nossa vida, e isso pode ser tanto uma bênção quanto uma maldição. O mundo digital nos proporciona ferramentas poderosas para sermos mais produtivos, mas, ao mesmo tempo, é também um dos principais responsáveis pelas distrações que nos afastam dos nossos objetivos. Para alcançar a produtividade total, é essencial aprender a usar o mundo digital a seu favor, minimizando as distrações e maximizando o uso de ferramentas tecnológicas que realmente agregam valor ao seu trabalho.

O Equilíbrio Entre Tecnologia e Distração

Um dos maiores desafios da era digital é o excesso de informações e notificações que nos atingem a todo momento. Redes sociais, e-mails, mensagens instantâneas – todas essas plataformas foram desenhadas para capturar nossa atenção, e o resultado é um cérebro constantemente distraído e incapaz de se concentrar por longos períodos.

Por outro lado, o mundo digital também oferece ferramentas incríveis que podem aumentar sua eficiência e organização, se usadas corretamente. O segredo para ser produtivo no mundo digital não é fugir da tecnologia, mas sim dominar a tecnologia, usando-a de forma estratégica.

Exemplo Prático:
Paula, uma executiva, passava horas do dia respondendo mensagens e navegando em redes sociais durante o expediente, o que prejudicava sua produtividade. Ao perceber isso, ela decidiu fazer mudanças simples: desligou notificações não essenciais e reservou horários específicos do dia para verificar e-mails e redes sociais. Isso permitiu que ela mantivesse o foco nas tarefas mais importantes, sem ser interrompida constantemente. O resultado foi um aumento drástico em sua eficiência.

Combata as Distrações com Tecnologia

A tecnologia também pode ser sua aliada para eliminar distrações. Existem ferramentas e técnicas que ajudam a manter o foco, bloqueando os sites e aplicativos que mais consomem o seu tempo de forma improdutiva.

- **Freedom:** Um aplicativo que bloqueia o acesso a sites e apps que você define como distrações. Com o Freedom, você pode definir horários em que não poderá acessar redes sociais ou sites de notícias, permitindo que você mantenha o foco nas tarefas importantes.

- **Forest:** Esse aplicativo gamifica o foco. Cada vez que você decide se concentrar, planta uma árvore virtual, que cresce enquanto você trabalha sem interrupções. Se você sair do aplicativo para acessar algo que não deveria, a árvore morre. Isso cria um senso de responsabilidade e torna o processo de foco mais divertido.

- **Focus@Will:** Um serviço de música especialmente desenvolvido para aumentar a concentração. Estudos mostram que o som ambiente adequado pode melhorar seu foco, e o Focus@Will oferece playlists que são cientificamente desenhadas para aumentar a produtividade.

Exemplo Prático:
Fernanda, uma redatora freelancer, costumava se distrair constantemente com redes sociais. Ela instalou o aplicativo Freedom, bloqueando o acesso às redes sociais durante seus horários de trabalho. Além disso, começou a usar o Focus@Will para ouvir música que a ajudava a manter o foco por mais tempo. Essas pequenas mudanças aumentaram drasticamente sua concentração, permitindo que Fernanda dobrasse sua produção diária sem se sentir sobrecarregada.

A Técnica de Batch Working: Otimize Suas Tarefas Digitais

O batch working (ou trabalho em lotes) é uma técnica simples, mas poderosa, para aumentar a produtividade no mundo digital. Em vez de lidar com pequenas tarefas ao longo do dia, como responder e-mails ou mensagens, o batch working sugere que você agrupe essas tarefas e lide com elas em momentos específicos. Isso ajuda a evitar a fragmentação do seu dia e aumenta a eficiência.

Por exemplo, em vez de verificar e-mails a cada 10 minutos, você pode definir um bloco de tempo de 30 minutos no início da manhã e outro no final da tarde para responder e-mails. Isso libera o restante do seu tempo para focar em tarefas que realmente importam.

Exemplo Prático:
Lucas, um gerente de marketing, costumava verificar seus e-mails a cada poucos minutos, o que quebrava seu foco e prejudicava sua produtividade. Ele decidiu aplicar o batch working e começou a verificar e-mails apenas duas vezes ao dia: pela manhã e no final da tarde. O resultado foi uma concentração muito maior em suas atividades prioritárias, e sua produtividade disparou.

Como Evitar a Sobrecarga Digital

A sobrecarga de informações é uma ameaça real no mundo digital. Estamos constantemente expostos a uma avalanche de conteúdos, notificações, mensagens e tarefas. Para evitar essa sobrecarga, é importante saber filtrar e priorizar o que realmente importa.

Aqui estão algumas dicas para evitar a sobrecarga digital:

- **Defina horários para consumir informações:** Em vez de checar redes sociais ou notícias o dia todo, defina momentos específicos do dia para isso.

- **Desligue notificações não essenciais:** Apenas mantenha notificações de aplicativos que são realmente importantes para seu trabalho.

- **Use uma ferramenta de organização:** Aplicativos como Trello, Todoist ou Google Keep podem te ajudar a organizar suas tarefas e garantir que você não se perca em meio a tantas informações.

Exemplo Prático:
Juliana, uma especialista em marketing digital, costumava sentir-se sobrecarregada com a quantidade de informações que consumia diariamente. Ela percebeu que, ao definir horários específicos para verificar redes sociais e desligar as notificações de aplicativos de entretenimento, sua produtividade aumentou. Juliana começou a filtrar o que realmente era importante e aprendeu a dizer "não" ao excesso de informações.

Dicas Práticas Para Melhorar a Produtividade no Mundo Digital

1. **Limite o tempo nas redes sociais:** Defina horários específicos para checar redes sociais e, fora desses horários, mantenha as notificações desligadas.
2. **Use ferramentas de gerenciamento de tarefas:** Trello, Todoist e Google Calendar são ótimas opções para organizar suas atividades e garantir que você está focado no que realmente importa.
3. **Aplique a Técnica de Batch Working:** Agrupe tarefas similares e execute-as em blocos de tempo, em vez de alternar entre várias atividades ao longo do dia.
4. **Bloqueie distrações digitais:** Use aplicativos como Freedom ou Forest para bloquear temporariamente sites e aplicativos que consomem seu tempo sem trazer valor.
5. **Descanse a mente:** Evite sobrecarregar seu cérebro com informações constantes. Faça pausas regulares para descansar e refrescar a mente.

Conclusão: Domine a Tecnologia Para Aumentar Sua Produtividade

O mundo digital pode ser tanto um aliado quanto um vilão. O segredo para uma produtividade eficaz no mundo digital é saber usar a tecnologia de forma estratégica. Ao dominar as ferramentas certas, bloquear distrações e organizar suas tarefas de maneira eficiente, você pode transformar a forma como trabalha, garantindo que cada minuto investido no ambiente digital traga um retorno significativo.

Lembre-se: você não precisa se desconectar do mundo digital para ser produtivo, mas sim aprender a usá-lo a seu favor, controlando o que merece sua atenção e eliminando o que te distrai.

Capítulo 10 – Mindset de Crescimento: O Combustível para a Produtividade

Mais do que qualquer técnica de produtividade, ter um mindset de crescimento é o verdadeiro combustível que leva ao sucesso duradouro. O conceito de mindset de crescimento, popularizado pela psicóloga Carol Dweck, diz respeito à crença de que suas habilidades podem ser desenvolvidas com esforço, aprendizado contínuo e resiliência. Quando você adota esse mindset, vê os desafios como oportunidades e as falhas como parte do processo de crescimento.

O Que é Mindset de Crescimento?

O mindset de crescimento é a mentalidade de que nada é fixo: sua inteligência, suas habilidades e até mesmo seus talentos podem ser aprimorados ao longo do tempo. Isso contrasta com o mindset fixo, em que as pessoas acreditam que suas capacidades são estáticas e imutáveis. Quem tem um mindset fixo tende a evitar desafios por medo de falhar, enquanto quem tem um mindset de crescimento busca desafios, pois vê neles uma oportunidade de evolução.

Esse mindset não só transforma sua forma de encarar os desafios, mas também muda a maneira como você produtivamente lida com sua rotina. Pessoas com um mindset de crescimento são mais resilientes, aprendem com os erros e encontram maneiras criativas de superar obstáculos.

Exemplo Prático:
Marcelo, um gestor de vendas, sempre evitava situações em que precisava aprender novas tecnologias, acreditando que "não era bom com tecnologia". Após aprender sobre o mindset de crescimento, ele decidiu encarar isso como uma oportunidade de desenvolvimento. Ele começou a estudar sistemas de CRM e novas ferramentas digitais. Hoje, Marcelo lidera a integração de novas tecnologias em sua equipe, provando para si mesmo que qualquer habilidade pode ser desenvolvida com esforço.

Como o Mindset de Crescimento Aumenta Sua Produtividade

Quando você adota um mindset de crescimento, automaticamente muda sua perspectiva sobre produtividade. Em vez de ver falhas ou atrasos como obstáculos que paralisam, você passa a enxergar esses desafios como feedbacks que te ajudam a ajustar suas ações e melhorar continuamente.

Pessoas com mindset de crescimento:

- **Tentam novas abordagens em vez de desistir diante de um problema.**
- **Acolhem feedbacks construtivos e usam essas informações para melhorar.**
- **Se adaptam rapidamente a novas situações e aprendem com as dificuldades.**
- **Buscam soluções criativas para se tornar mais produtivas.**

Com essa mentalidade, o foco não está apenas em fazer mais em menos tempo, mas em melhorar continuamente. É o processo de buscar sempre ser melhor que você foi ontem, o que gera um ciclo constante de aprendizado e evolução.

Exemplo Prático:
Luana, uma consultora de marketing, costumava se sentir frustrada quando uma campanha não tinha o desempenho esperado. Ao adotar um mindset de crescimento, ela começou a enxergar esses momentos como oportunidades de aprendizado. Em vez de se culpar pelo fracasso, ela passou a analisar o que poderia ter feito diferente e a ajustar suas estratégias. O resultado foi uma evolução constante em suas campanhas e uma maior eficiência no trabalho, pois ela se tornou mais aberta ao aprendizado e à adaptação.

Aceitando o Desconforto dos Desafios

Um dos pilares do mindset de crescimento é aceitar que o crescimento real acontece fora da sua zona de conforto. Quando você se desafia a tentar algo novo, enfrenta o desconhecido e passa por momentos de desconforto, é nesse ponto que ocorre o verdadeiro progresso.

O desconforto de aprender algo novo ou encarar uma situação desafiadora pode ser difícil no início, mas é fundamental para quem deseja crescer. É preciso ver os desafios como etapas do aprendizado e confiar no processo.

Exemplo Prático:
Ricardo, um empresário, sempre evitou falar em público, achando que nunca seria bom nisso. No entanto, ele decidiu encarar isso como uma oportunidade de crescimento. Ele começou a participar de pequenas apresentações, onde podia errar e aprender. Com o tempo, Ricardo ganhou confiança e agora faz apresentações importantes em conferências, sentindo-se mais confortável e preparado a cada vez que sobe ao palco.

Desenvolva a Resiliência: Aprender Com os Erros

O erro faz parte do processo de crescimento. Pessoas com um mindset fixo evitam erros a qualquer custo, pois veem isso como um reflexo de suas habilidades inatas. Já as pessoas com mindset de crescimento entendem que errar é uma oportunidade de refinar suas habilidades e se tornarem melhores.

Adotar essa mentalidade muda a maneira como você lida com os contratempos: em vez de ver uma falha como o fim, você a vê como parte da jornada e uma oportunidade de ajuste e melhoria.

Exemplo Prático:
João, um desenvolvedor, teve uma falha crítica em um projeto importante. Em vez de se desanimar e culpar suas habilidades, ele decidiu usar essa falha como uma chance de aprender. Ele analisou o que deu errado, buscou feedback de seus colegas e ajustou sua abordagem para evitar os mesmos erros no futuro. Esse processo fez com que João se tornasse um desenvolvedor muito mais eficiente e confiante.

Como Cultivar o Mindset de Crescimento no Dia a Dia

Aqui estão algumas dicas práticas para desenvolver o mindset de crescimento e aplicá-lo para aumentar sua produtividade:

1. Veja os desafios como oportunidades: Sempre que se deparar com algo difícil, pergunte-se "O que posso aprender com isso?".
2. Aceite o feedback como combustível: Busque feedbacks sinceros e veja-os como informações valiosas para melhorar suas habilidades.
3. Experimente coisas novas: Não tenha medo de tentar novas abordagens ou sair da sua zona de conforto. É nesse processo que você cresce.
4. Encare os erros como parte do aprendizado: Quando errar, veja isso como parte do processo. Analise o erro e ajuste sua estratégia para fazer melhor da próxima vez.
5. Acredite no processo contínuo: Entenda que o crescimento não acontece de um dia para o outro. Tenha paciência e confie que cada passo te aproxima do sucesso.

Conclusão: O Mindset de Crescimento Como a Chave Para o Sucesso Produtivo

Desenvolver um mindset de crescimento é o segredo para alcançar uma produtividade duradoura e consistente. Ao enxergar desafios como oportunidades de aprendizado, acolher feedbacks e aprender com os erros, você se coloca em um ciclo contínuo de evolução. Esse mindset te impulsiona a buscar sempre ser melhor, e essa busca constante é o que realmente define o sucesso.

Quando você combina o mindset de crescimento com técnicas de produtividade, você não apenas faz mais, mas também faz melhor. Essa mentalidade é o combustível que mantém sua motivação alta e sua produtividade em constante progresso.

Resumo Final

Este e-book é uma verdadeira ferramenta de transformação para quem busca não apenas melhorar sua produtividade, mas alcançar um desenvolvimento pessoal profundo. Ao longo dos 10 capítulos, você será guiado por uma jornada rica em insights, técnicas práticas e exemplos reais que vão ajudá-lo a dominar a arte da produtividade, equilibrar o bem-estar físico, gerenciar sua energia e, principalmente, adotar um mindset de crescimento.

Cada capítulo foi elaborado para oferecer estratégias acionáveis, fáceis de aplicar no dia a dia, que podem gerar resultados imediatos na sua vida e na sua carreira. Ao entender e aplicar os conceitos de foco, disciplina, planejamento eficaz e gestão de tempo, você estará preparado para superar desafios, atingir metas ambiciosas e, o mais importante, continuar crescendo constantemente.

Este e-book fará a diferença na sua carreira ao te capacitar a trabalhar de forma mais inteligente, manter-se motivado e, acima de tudo, a evoluir continuamente. Ele oferece o conhecimento necessário para que você possa dominar sua produtividade em um mundo cada vez mais digital e desafiador. Aproveite ao máximo cada ensinamento aqui contido e aplique-os para construir uma vida e uma carreira de sucesso.

Imagens para reflexão

Imagens para reflexão

Imagens para reflexão

Imagens para reflexão

Imagens para reflexão

Imagens para reflexão

Imagens para reflexão

Imagens para reflexão

Imagens para reflexão

42

Imagens para reflexão

Imagens para reflexão

Imagens para reflexão

Imagens para reflexão

Imagens para reflexão

Imagens para reflexão

Imagens para reflexão

Imagens para reflexão

Imagens para reflexão

Imagens para reflexão

Imagens para reflexão

Imagens para reflexão

Imagens para reflexão

Imagens para reflexão

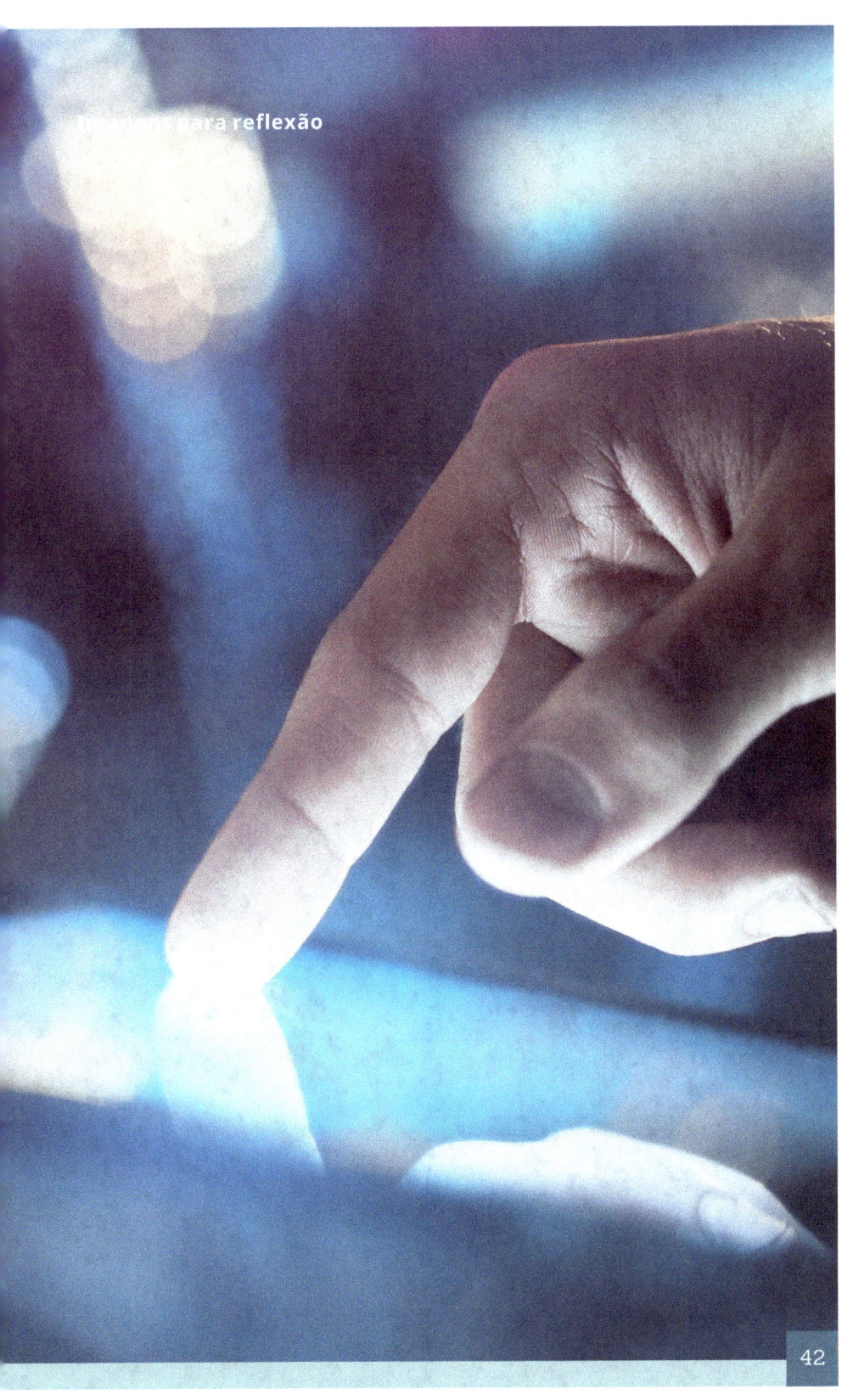

Imagens para reflexão

www.ingramcontent.com/pod-product-compliance
Lightning Source LLC
Chambersburg PA
CBHW052338220526
45472CB00001B/486